グローグーってだれ？

グローグーは、『マンダロリアン』（Disney＋で公開されている『スター・ウォーズ』のドラマシリーズ、season3まで製作。2026年に劇場用映画の公開が予定されている）に登場する、ジェダイ・マスター、ヨーダと同じ種族の幼子で、出自はすべて謎に包まれている。わかっているのはヨーダ同様、強力なフォースを持ち、ジェダイ聖堂でジェダイの訓練を受けていたこと。

映画『スター・ウォーズ』のエピソード3で、フォースの暗黒面に堕ちたアナキン・スカイウォーカー（後のダース・ベイダー）がジェダイ聖堂を襲撃。そのとき聖堂から助け出された記憶をグローグーはもっている。

『マンダロリアン』の舞台は、ルークたち反乱軍の活躍で、帝国軍を破り銀河に平和がもたらされたエピソード6の後の世界。

銀河は新共和国が統治していたが、生き残った帝国軍の残党がうごめいていた。マンダロリアンは、賞金稼ぎギルドのグリーフ・ガルガから受けた仕事で、賞金首となっていたグローグーを回収。しかし不思議な力を持ち、無垢で無防備なグローグーをマンダロリアンはクライアントから強奪。グローグーを守り、グローグーをジェダイの仲間たちのもとへ届けることを選択したマンダロリアンとグローグーの銀河を駆けめぐる大冒険が始まる。グローグーを捕まえようとするさまざまな敵との戦い。マンダロリアンは果たして目的を果たすことができるのだろうか。

ミッション
悪名高いお尋ね者たちをさがしだせ！

賞金稼ぎ（バウンティ・ハンター）の諸君！
君は銀河で最も恐れられている6人のお尋ね者の情報を受け取っただろうか？
ほかの賞金稼ぎたちも6人を追いかけているぞ。
ライバルたちが彼らを見つける前に、さがしだすことができるかな？

マンダロリアン

人前では決してヘルメットを脱がないため、誰も彼の本名や顔を知らない。
けれど、敵にまわすと恐ろしいやつであることはよく知られている。
アーマーには隠された武器をもっているぞ。気をつけて!

グローグー

敵から「チャイルド」とも呼ばれているグローグーは神秘に満ちている。
どうして皆がこの子どもを追いかけているのか? この子が危険、と思われているのはなぜなのか? グローグーはとんでもない隠れた力を持っているかもしれないぞ。気をつけて探してほしい。

キャラ・デューン

キャラ・デューンは、破壊された惑星オルデラン出身で、かつては新共和国軍のショック・トルーパーだった。
マンダロリアンに非常に近い存在で、決闘では無類の強さを発揮するぞ。警戒してくれ。

グリーフ・カルガ

かつて賞金稼ぎギルドのエージェントだったグリーフ・カルガは、縁あってマンダロリアンの仲間となる。
カルガにはあらゆるコネクションがあるぞ。
隠れ場所を見つけるのはとくに大変そうだ。

IG-11
アイジー

危険な戦闘ロボットとして設計された IG-11 は、一度狙いを定めた標的は必ず仕留める腕があるぞ。
近づく時には他の誰よりも気をつけるんだ!

クイール

砂の惑星アーヴァラ7で農場を経営していたアグノート族のクイールは、のちにマンダロリアンの仲間となる男だ。農作業はもちろん、宇宙船や武器も修理できる得意技を持ったクイールは、何があっても決してあきらめない性格だ。君に見つけることができるかな?

ロケーション

砂の惑星アーヴァラ7の中心地

ジャワ族の巨大輸送車(サンドクローラー)

マンダロリアンの鋳造場

ネヴァロの町

ソーガンの酒場

ソーガンの村

マンダロリアンたちの目撃情報がある、以下の12の場所を探検してみてくれ。
マンダロリアンと仲間たち、そしてグローグーをさがしだすのだ！
懸賞金がほしいなら、ほかの賞金稼ぎたちよりも早く見つけださなくては！

モス・アイズリー宇宙港

ネヴァロの酒場

監獄船

クイールの農場

帝国軍に占領されたネヴァロの街

溶岩が流れるネヴァロの地下

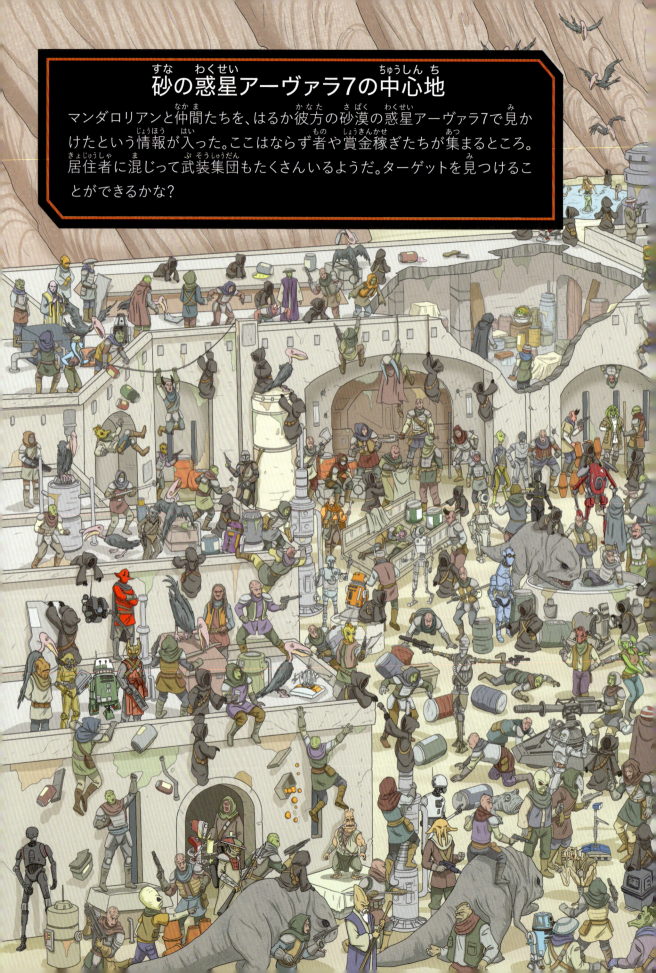

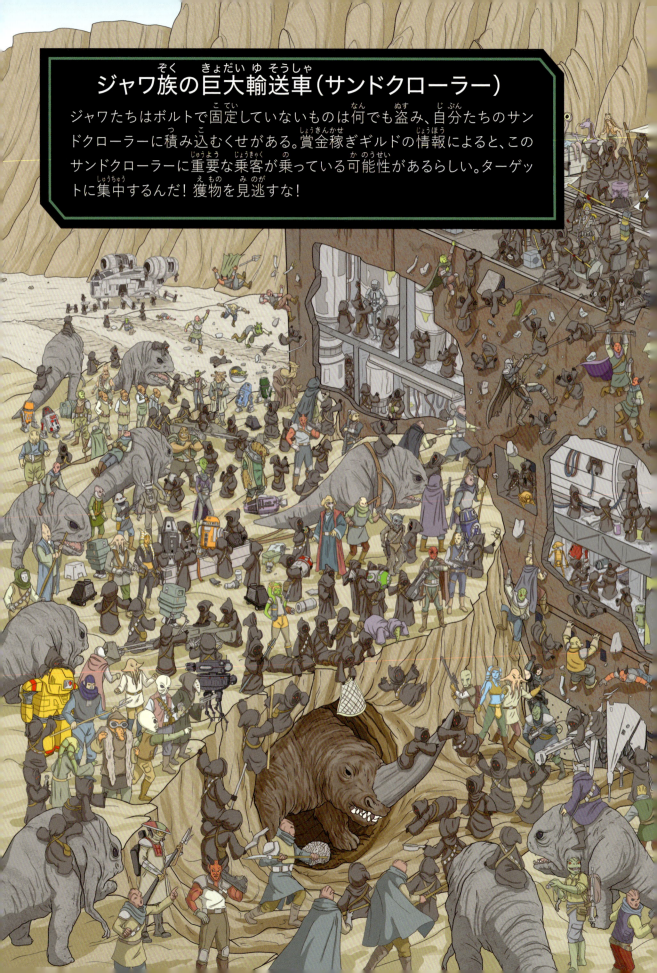

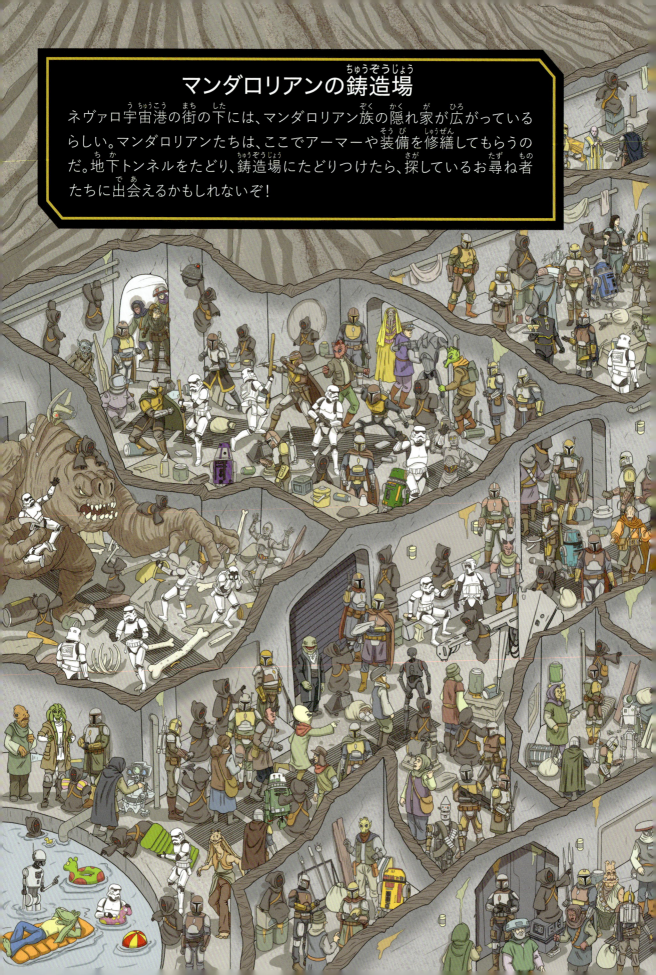

マンダロリアンの鋳造場

ネヴァロ宇宙港の街の下には、マンダロリアン族の隠れ家が広がっているらしい。マンダロリアンたちは、ここでアーマーや装備を修繕してもらうのだ。地下トンネルをたどり、鋳造場にたどりつけたら、探しているお尋ね者たちに出会えるかもしれないぞ！

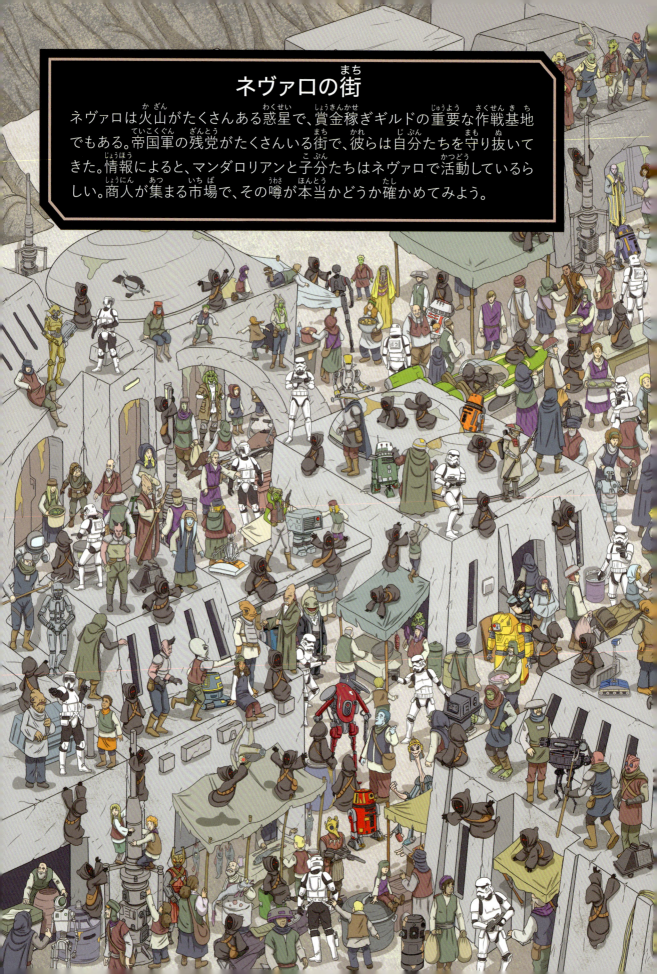

ネヴァロの街

ネヴァロは火山がたくさんある惑星で、賞金稼ぎギルドの重要な作戦基地でもある。帝国軍の残党がたくさんいる街で、彼らは自分たちを守り抜いてきた。情報によると、マンダロリアンと子分たちはネヴァロで活動しているらしい。商人が集まる市場で、その噂が本当かどうか確かめてみよう。

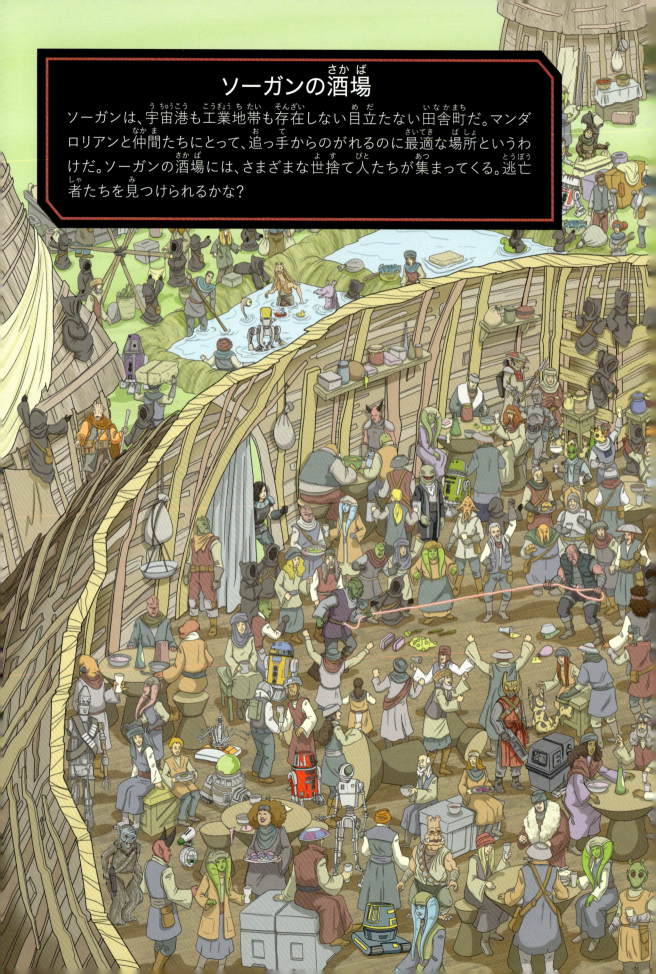

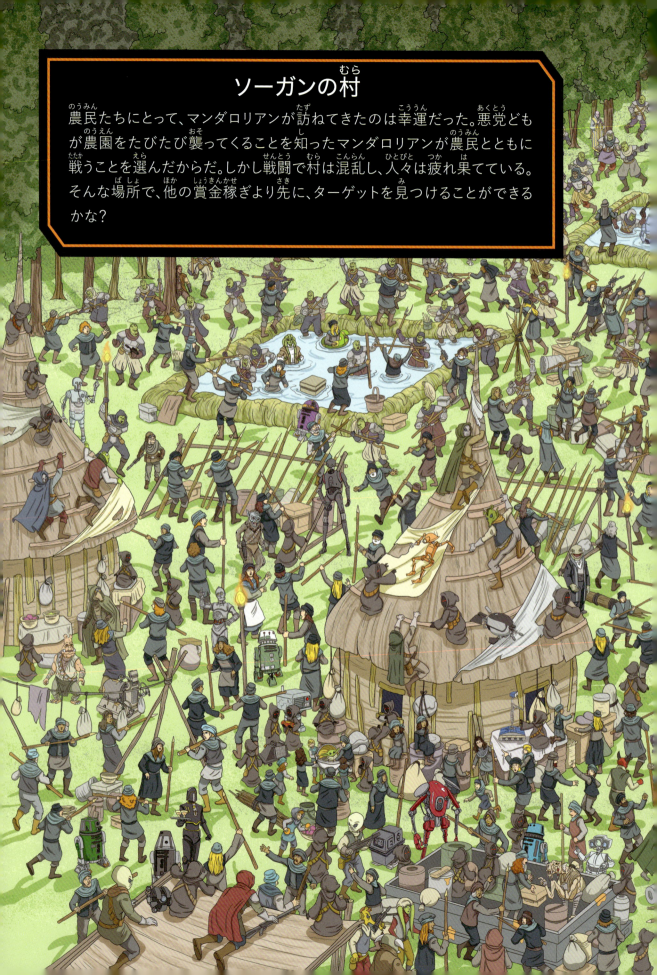

ソーガンの村

農民たちにとって、マンダロリアンが訪ねてきたのは幸運だった。悪党どもが農園をたびたび襲ってくることを知ったマンダロリアンが農民とともに戦うことを選んだからだ。しかし戦闘で村は混乱し、人々は疲れ果てている。そんな場所で、他の賞金稼ぎより先に、ターゲットを見つけることができるかな？

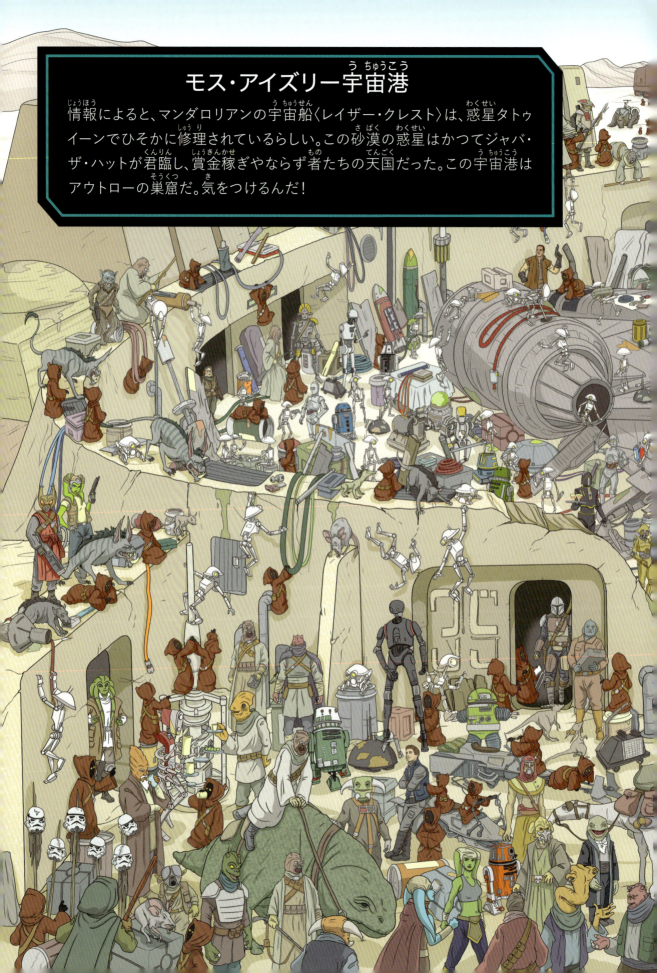

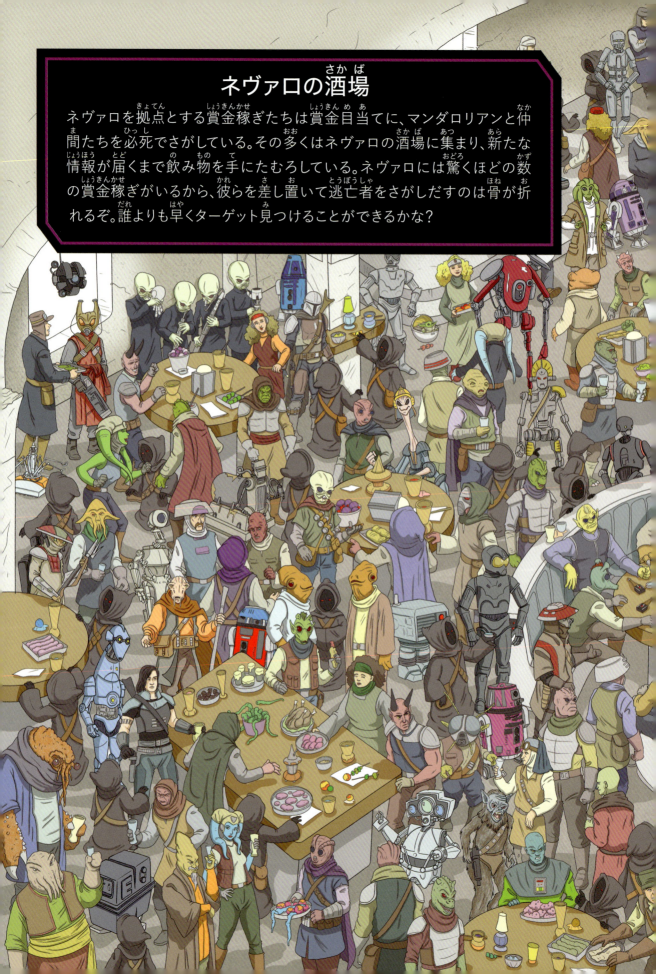

監獄船

マンダロリアンは、古い友人から危険な仕事を引き受けたらしい。監獄船からある人物を脱獄させてくれと頼まれたのだ。犯罪者たちの独房を、新共和国の警備ドロイドがパトロールしているぞ。彼らが先にマンダロリアンを捕まえたら、賞金は水の泡！マンダロリアンたちをこの迷路のスタートからゴールまで、見つからないようにうまく導いてくれ。

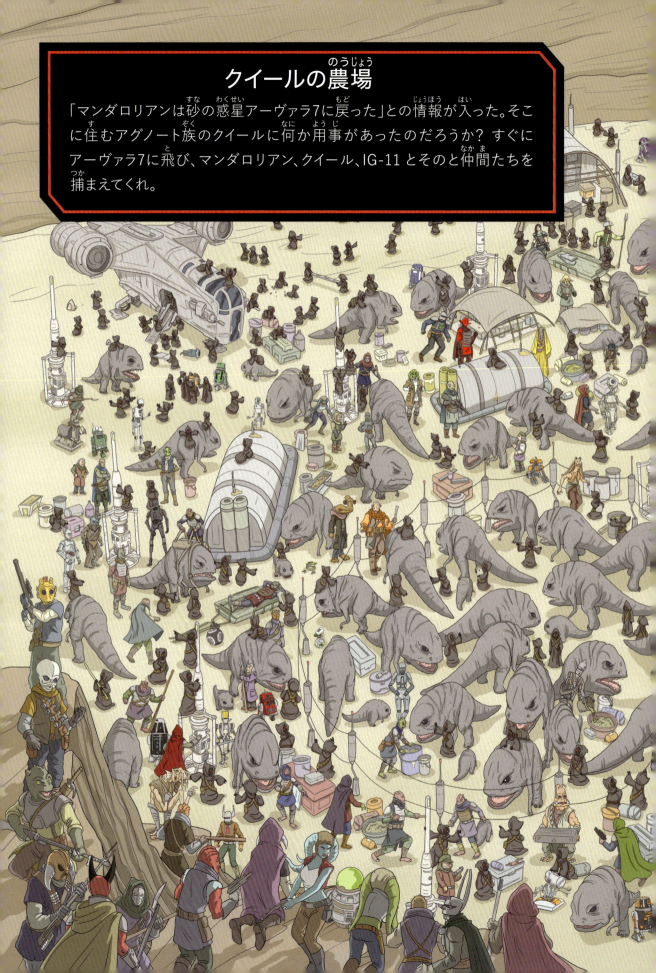

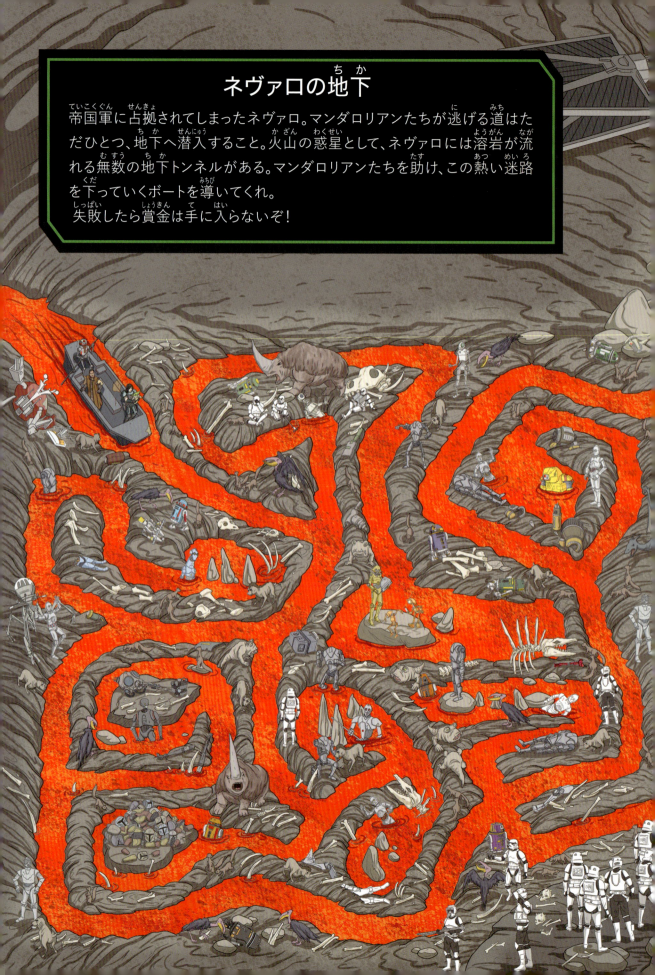

標的はもっといる！

砂の惑星アーヴァラ7の中心地

| C-21ファイター | R5-J2 | PZ-4CO | アンバラン |

ジャワ族の巨大輸送車（サンドクローラー）

| ダグ | アビドネド | アキ=アキ | キュウゾウ |

マンダロリアンの鋳造場

| ハースク | A-LT ユーティリティ・ドロイドスエートン | スエートン | シフター・ドロイド |

スター・ウォーズの銀河には、まだまだたくさんのキャラクターが隠れているぞ。
ぜひチャレンジしてみてくれ。

ネヴァロの街

メルブ　　　　HVAC ドロイド　　　SE8　　　　　L-1g ドロイド
　　　　　　　　　　　　　　ウエイター・ドロイド

ソーガンの酒場

11-3K バイパー・プ　　ゼクスト　　　ヴェクノイド　　LOMシリーズ
ローブ・ドロイド　　　　　　　　　　　　　　　　　　ドロイド

ソーガンの村

ノートラン　　　グンガン　　　DUMシリーズ　　K-2SO
　　　　　　　　　　　　　　ピット・ドロイド

モス・アイズリー宇宙港

| LOMシリーズ
ドロイド | メルブ | K-2SO | ゼクスト |

ネヴァロの酒場

| 11-3K バイパー・プ
ローブ・ドロイド | HVAC　ドロイド | SE8
ウエイター・ドロイド | A-LT ユーティリ
ティ・ドロイド |

監獄船

| アンバラン | ヴェクノイド | ノートラン | L-1g ドロイド |

クイールの農場

| スエートン | キュウゾウ | アキ=アキ | ダグ |

帝国軍に占領されたネヴァロの街

| シフター・ドロイド | ハースク | アビドネド | グンガン |

溶岩が流れるネヴァロの地下

   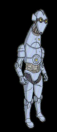

| R5-J2 | C-21 ハイシンガー | DUMシリーズ ピット・ドロイド | PZ-4CO |

解答

砂の惑星アーヴァラ7の中心地

ジャワ族の巨大輸送車（サンドクローラー）

マンダロリアンの鋳造場

ネヴァロの町

ソーガンの酒場

ソーガンの村

モス・アイズリー宇宙港

ネヴァロの酒場

監獄船

クイールの農場

帝国軍に占領されたネヴァロの街

溶岩が流れるネヴァロの地下

© 2024 LUCASFILM
All rights reserved. No part of this publication may be
reproduced or transmitted in any form or by any means,
electronic, or mechanical, including photocopying, recording,
or by any information storage and retrieval system, without
permission in writing from the publisher.
Printed in Japan

文：ダニエル・ウォレス
絵：アート・モーウィニー
デザイン：ケリー・マカベ
製作：エマ・キッド

装幀：藤井国敏（office push）
編集：松原健一（実務教育出版）

STAR WARS マンダロリアン
グローグーをさがせ！
銀河を駆けめぐる大冒険

2024年9月10日　初版第1刷発行
2024年9月30日　初版第2刷発行

発　行　　株式会社うさぎ出版
発　売　　株式会社実務教育出版
　　　　　163-8671 東京都新宿区新宿1-1-12
　　　　　電話　03-3355-1812（編集）　03-3355-1951（販売）
　　　　　振替　00160-0-78270

印刷所　　TOPPANクロレ
製本所　　TOPPANクロレ

© & TM 2024 LUCASFILM LTD. All rights reserved.
ISBN978-4-7889-0941-0 C0476

乱丁・落丁は本社にてお取り替えいたします。
本書の無断転載・無断複製（コピー）を禁じます。